ALLOCUTION

PRONONCÉE

A L'ÉGLISE St-FRANÇOIS-DE-SALES, A PARIS

LE 14 FÉVRIER 1884

A LA CÉRÉMONIE DU MARIAGE

DE

M. Louis SORIN DE BONNE

Avocat, ancien Sous-Préfet

AVEC

Mlle ROSA-ANNA-MATILDE DE RIVERO

PAR

Mgr D'HULST

Prélat de la Maison de Sa Sainteté LÉON XIII
Vicaire-Général, Recteur de l'Institut Catholique de Paris

PARIS

SOCIÉTÉ ANONYME DE PUBLICATIONS PÉRIODIQUES

13, QUAI VOLTAIRE, 13

—

1884

ALLOCUTION

PRONONCÉE

A L'ÉGLISE Sᵀ-FRANÇOIS-DE-SALES, A PARIS

LE 14 FÉVRIER 1884

A LA CÉRÉMONIE DU MARIAGE

DE

M. Louis SORIN DE BONNE

Avocat, ancien Sous-Préfet

AVEC

Mˡˡᵉ ROSA-ANNA-MATILDE DE RIVERO

PAR

Mᵍʳ D'HULST

Prélat de la Maison de Sa Sainteté LÉON XIII
Vicaire-Général, Recteur de l'Institut Catholique de Paris

PARIS

SOCIÉTÉ ANONYME DE PUBLICATIONS PÉRIODIQUES

13, QUAI VOLTAIRE, 13

—

1884

« Vatican, le 11 février 1884.

» *Sa Sainteté a accordé de tout cœur*
» *la Bénédiction Apostolique implorée*
» *dans le télégramme de Votre Seigneurie*
» *par les futurs époux Louis Sorin de*
» *Bonne et Matilde de Rivero.*

» *Card. Jacobini.* »

Le jeudi 14 février, à midi, a été célébré en l'église Saint-François-de-Sales, à Paris, le mariage de M. Louis Sorin de Bonne, avocat, ancien sous-préfet, avec Mlle Rosa-Anna-Matilde de Rivero.

La bénédiction nuptiale a été donnée par Mgr d'Hulst, Prélat de la Maison du Pape, vicaire général, Recteur de l'Institut catholique de Paris, assisté du clergé de Saint-François-de-Sales.

La messe a été dite par M. l'abbé Léris, vicaire à Saint-François-de-Sales.

Les témoins étaient, pour le marié, M. le baron Arthur de Chabaud-La-Tour, ancien député, et M. Gaston de la Blanche ; pour la mariée, M. José Aranibar, procureur général à la Cour de Cassation de Lima et M. de Goyeneche, marquis de Villafuerte, ancien ministre plénipotentiaire du Pérou.

La quête a été faite par Mlle Marguerite Sorin de Bonne, sœur du marié, et Mlle Isabelle Pacheco, cousine germaine de la mariée. M. Léon de Crousaz-Crétet, ancien auditeur au Conseil d'État, conduisait Mlle Sorin de Bonne, et M. Joseph Aubineau Mlle Pacheco.

Avant la bénédiction nuptiale, Mgr d'Hulst a prononcé l'allocution suivante :

La religion est une alliance véritable entre le Créateur et la créature. Tantôt, dans les sublimes mystères du culte et de la prière, elle associe l'homme à des œuvres divines ; tantôt par des institutions où déborde la bonté infinie, elle mêle Dieu aux actions humaines et l'on ne sait qu'admirer davantage ou de cette grandeur qui s'incline ou de cette générosité qui nous relève.

Les deux conditions qui se partagent la vie des chrétiens représentent ces deux types de l'alliance : je vois d'un côté les âmes consacrées entrant par la porte du sacrifice dans le sanctuaire de l'intimité divine ; éprises de la beauté invisible, leurs joies se confondront avec le triomphe de la vérité, avec la victoire du bien, avec l'avènement du règne de Dieu ;

leurs douleurs n'auront pas d'autre cause que les empiètements de l'erreur et du mal ; leurs travaux, leurs efforts tendront uniquement à ce qui est la fin dernière de toute créature raisonnable, l'union définitive avec le Bien suprème.

Mais voici le grand nombre des âmes rachetées par le sang de Jésus-Christ. Celles-là, aucune élection particulière ne les a séparées de la masse.

Est-ce à dire que l'élément divin ne soit pour rien dans leur destinée ici-bas, et qu'elles doivent attendre le terme de la vie présente pour expérimenter cette intervention de Dieu dans les affaires humaines qui fait le fond du Christianisme ?

Non certes, et, parmi tant de preuves du contraire, je n'en saurais concevoir une plus éclatante que celle que me fournit votre présence à tous deux au pied de cet autel.

Qu'apportez-vous ici et qu'y venez-vous chercher ? Vous apportez les préparations de votre bonheur ; vous venez en chercher la consécration ; deux choses où la main de Dieu est si visible que l'action où elles s'échangent emprunte la dignité d'une action sacerdotale.

Les préparations du bonheur où les trouvons-nous ici ? Avant tout dans vos cœurs, par le besoin même de fidélité qui les possède, j'allais dire : qui les tourmente. Eh bien ! Cela déjà est divin. Oui, ce vouloir impérieux qui vous presse d'être heureux, heureux par le cœur, c'est en vous l'œuvre du Créateur, c'est mieux que cela, c'est sa ressemblance. Dieu est heureux, pourquoi ? Parce qu'Il a une puissance infinie d'aimer et qu'Il trouve en lui-même un objet infiniment aimable. Il vous a faits à son image, et ce serait dès lors une tentative insensée que de renoncer à poursuivre le bonheur, ou de le demander aux facultés inférieures de votre nature. Quand vous sentez en vous-même la noble capacité d'aimer, quand vous lui cherchez un objet digne d'elle, alors seulement vous égalez vos prétentions à votre dignité native, et cette préparation lointaine du bonheur qui consiste à le désirer comme il faut, est déjà un hommage rendu à cette ressemblance divine dont vous portez l'empreinte.

Mais que serviraient les désirs, même tournés vers le vrai but, si le pouvoir faisait défaut pour y atteindre ? C'est ici surtout que Dieu apparaît nécessaire dans la préparation du bonheur.

Vous touchez au moment où vos vies, pareilles à deux ruisseaux jusque-là séparés, vont mêler

leurs ondes : qui donc à travers les détours mysté-
rieux du passé, les a guidées jusqu'à cette ren-
contre ? Qui donc a pu accumuler à leur source
ces influences bienfaisantes qui d'avance permet-
taient de leur prédire un heureux cours ? Celui-là
seul qui est le maître des événements et des
siècles, qui sait cacher dans le présent les germes
de l'avenir et, dans les vertus des générations qui
s'en vont, préparer l'honneur et la joie des générations qui surviennent.

A cet égard je vous vois prévenus tous deux
du même privilège et comme saisis en naissant
par le même héritage.

Différentes furent vos patries de la terre, isolées
l'une de l'autre par l'immensité des mers ; mais
l'Église, cette patrie des âmes, vous réservait un
commun trésor: les exemples et les initiations qui
appartiennent en propre aux foyers Chrétiens.
Rien n'a manqué à ces anticipations de votre
bonheur, ni l'honneur d'un nom sans tache, ni la
valeur des services, ni, ce qui est plus précieux
encore, la tradition des vertus domestiques par où
se perpétuent les races que Dieu bénit.

Et, comme si c'était trop peu de tous ces
rapprochements, la Providence semble avoir voulu

supprimer entre vous la seule distance qui pût vous séparer encore, celle des lieux.

Déjà Français par son éducation, votre regretté père, Mademoiselle, recevait du gouvernement Péruvien une mission honorable, qui faisait de lui tout à la fois le serviteur éminent de son pays et l'hôte fidèle de la France, où vous trouviez ainsi votre berceau.

Hélas! pourquoi faut-il qu'au souvenir de ces préparations heureuses vienne se mêler l'amertume des larmes? Ceux qui furent à la peine ne sont pas tous à la joie. Vos pères à tous deux ont semé pour vous le bonheur, ils manquent à la moisson. Du moins si nous n'en croyions que nos yeux, nous dirions qu'ils sont absents de cette réunion. Mais si nous écoutons un témoignage meilleur, notre foi nous dira qu'ils sont ici, invisibles, mais présents, ne laissant devant cet autel aucune place vide et faisant descendre avec eux sur cette fête de la terre quelque chose des clartés du Ciel.

Ainsi prévenus des avantages que Dieu avait accumulés pour vous dans les trésors domestiques, vous avez su y puiser l'un et l'autre. Tandis que vous y cherchiez, Mademoiselle, à la suite de vos

sœurs aînées, l'inspiration de ces naissantes vertus
qui font de la jeune fille l'ornement du foyer, il se
formait en vous, comme à votre insu, un fond plus
riche, où l'épouse trouve aujourd'hui, où la mère
trouvera demain le secret de s'élever par le
dévouement à la hauteur toujours croissante de
ses nouveaux devoirs.

Et vous, mon ami, jaloux de continuer les
traditions paternelles, vous avez demandé de
bonne heure à l'étude, aux recherches de la science,
puis au labeur des fonctions publiques, l'emploi
généreux de vos facultés. Quand les mèmes
délicatesses de conscience et d'honneur qui vous
avaient engagé dans le travail, vous ont invité à la
retraite, vous n'avez pas cru acquérir par là le
droit au repos, mais contracter seulement l'obli-
gation de vous créer des devoirs. La charité et le
zèle vous en ont fourni le moyen. Le soin des
pauvres, la défense des intérêts religieux attaqués
de toutes parts, vous offraient un vaste champ
pour l'effort ; vous n'avez pas failli à cette tâche,
et vous apportez au seuil de cette vie où vous allez
entrer, l'habitude du dévouement.

En même temps vous trouviez au foyer, près
d'une mère incomparable, près d'une sœur dont

l'âme n'a qu'une vie avec la vôtre, une intimité
d'affection qui d'avance ouvrait votre cœur aux
sentiments d'une tendresse douce et forte, telle que
pouvait l'attendre celle que Dieu vous réservait
pour compagne.

Il est donc vrai! Dieu avait ménagé de loin, et
dans le passé de vos familles et dans ce passé plus
jeune de vos existences à tous deux, les éléments
qui devaient un jour composer pour vous le
bonheur.

L'heure est venue de les réunir et de les offrir
à Dieu pour qu'Il les vivifie. C'est cette consécration que vous venez lui demander au pied de
cet autel. La réponse du Ciel ne se fera pas
attendre. C'est elle plutôt qui vous attendait. Dieu
l'avait formulée d'avance dans l'admirable insti-
tution du mariage.

Cette alliance de deux vies qui se donnent
l'une à l'autre, ce n'est pas un contrat vulgaire où
des volontés humaines, c'est-à-dire infirmes et
changeantes, interviennent seules avec leurs
inévitables défaillances; c'est une action sacrée
dont Dieu s'est emparé dès l'origine pour la mar-
quer de son sceau.

L'extase du Ciel est descendue sur Adam innocent, et tandis que la main Créatrice tire de son flanc la compagne qu'il lui destine, voici que l'esprit de Dieu promulgue par la bouche du premier homme la loi de religieux amour qui doit présider d'âge en âge aux unions de ses enfants. Mais c'est trop peu de ces premières largesses. Viennent les jours de la Rédemption, du sein de l'Adam nouveau, endormi sur sa croix, Dieu tire une humanité renouvelée. Tout en elle se ressent de sa divine origine : la grâce coule à flots sur les âmes ; le mariage devient un signe sacré, symbolisant, sous le regard de Dieu, l'union du Verbe avec l'humanité, l'union du Christ avec l'Église.

Venez époux chrétiens, votre place est bien à l'autel ; car en cet instant unique, Dieu vous a faits prêtres l'un pour l'autre. Ce mot qui passe d'une bouche à l'autre, ces mains qui se joignent, ce serment qui s'échange, c'est le sacrement qui sanctifie, c'est la grâce qui descend pour pénétrer vos deux vies. O Dieu ! que cette action est grande ! Et que saint Paul avait raison de s'arrêter confondu devant la sublimité de ce mystère !

Mais après vous avoir laissé parler en son nom,

Dieu voudra vous parler lui-même ; Il le fera dans ce langage qui contient l'expression de son amour et la garantie de sa puissance : la bénédiction.

La bénédiction est un souhait de bonheur ; souhait touchant, mais trop souvent stérile quand des lèvres humaines sont seules à le prononcer ; souhait toujours efficace quand il est formulé au nom du Créateur.

C'est la joie de mon amitié, c'est l'honneur de mon ministère d'être aujourd'hui auprès de vous l'interprète du souhait divin.

Je souhaite à l'époux la douceur dans l'autorité, l'abnégation dans le dévouement, le souci constant d'appuyer la parole par l'exemple.

Je souhaite à l'épouse la soumission joyeuse, la tendresse qui s'oublie et se prodigue, la sollicitude aimable qui garde pour soi la peine et répand autour de soi la gaieté.

Je souhaite à l'époux et à l'épouse la fermeté dans la foi, l'assiduité à la prière, l'usage discret des avantages terrestres, la charité qui les consacre à Dieu, la modération dans les joies, la résignation dans les peines, l'espérance chrétienne qui nous rend supérieurs aux biens et aux maux de ce monde par l'attente du seul bonheur qui ne passe pas.

Qu'elle descende donc sur vous, pleine de ces souhaits, la bénédiction qui vient de Dieu et qui cette fois, pour arriver jusqu'à vous, n'emprunte pas seulement le ministère d'un prêtre ordinaire, mais passe par les lèvres du grand Prêtre de la nouvelle alliance ! Oui, la bénédiction que je vous apporte est celle qu'a sollicitée votre piété, celle que vous envoie le cœur paternel du Vicaire de Jésus-Christ.

Qu'elle vienne donc sur votre union pour la pénétrer de sa douceur! Qu'elle s'étende sur vos vies pour les envelopper de sa protection ! Qu'elle visite votre foyer pour y faire grandir dans la vertu et dans l'honneur les héritiers des traditions dont vous avez reçu le dépôt! Et qu'un jour ceux à qui vous l'aurez transmis soient à leur tour votre couronne, dans le temps et dans l'éternité. Amen!